DIE Bucket List FÜR Freundinnen

150 DINGE, DIE WIR ZUSAMMEN ERLEBT HABEN MÜSSEN

DIESES BUCH RICHTET SICH AN RICHTIG GUTE FREUNDINNEN, DIE SCHON VIEL MITEINANDER ERLEBT HABEN UND NOCH GAAANZ VIEL ZUSAMMEN MACHEN WOLLEN. ES IST RANDVOLL MIT NEUEN ABENTEUERN, HERAUSFORDERUNGEN UND SPASS – ES IST RANDVOLL MIT LEBEN!

UM DAS PRALLE LEBEN GEHT ES AUF JEDER SEITE, BEI JEDEM EINZELNEN PUNKT. DIE BUCKET LIST IST ANREGUNG UND INSPIRATION FÜR GANZ BESONDERE ERLEBNISSE, NEUE ERFAHRUNGEN UND KLEINE MUTPROBEN ZU ZWEIT. SIE FORDERT EUCH EIN WENIG HERAUS, INDEM SIE FRAGEN STELLT UND PLATZ BIETET FÜR ANTWORTEN, ERINNERUNGEN UND KREATIVE IDEEN.

BEGINNT AN JEDER BELIEBIGEN STELLE IM BUCH. MANCHE ARBEITEN LIEBER SEITE FÜR SEITE AB, ANDERE BLÄTTERN, SCHMÖKERN, LESEN SICH GEGENSEITIG VOR. SICHER WERDET IHR BEI SO MANCHER STELLE IN ERINNERUNGEN SCHWELGEN, UND ES WIRD VIEL ZU ERZÄHLEN, ZU BEREDEN UND ZU KICHERN GEBEN. IHR WERDET MIT FREUDE FESTSTELLEN, WIE GUT IHR EUCH KENNT. GLEICHZEITIG WERDET IHR SEHEN, DASS ES IMMER NOCH NEUE SEITEN ANEINANDER ZU ENTDECKEN GIBT.

ALSO: MACHT VERRÜCKTE SACHEN, LASST ES EUCH GUT GEHEN UND FEIERT EURE FREUNDSCHAFT.

SEID IHR BEREIT? DANN NICHTS WIE LOS!

DAS SIND WIR:

.... & ....

SEIT .... ALLERBESTE FREUNDINNEN.

WIR HABEN UNS KENNENGELERNT AM .... IN ....
UND SIND SEITDEM UNZERTRENNLICH.

SO SEHEN WIR AUS, WENN WIR
BESTER LAUNE SIND:

ZUSAMMEN SIND WIR BESONDERS GUT IN:

....

....

....

☑ SCHENKT EUCH DIESES BUCH UND

☐ FÜLLT ES MITEINANDER AUS.

☐ FREUEN, DASS IHR EINANDER HABT, UND ES EUCH AUCH SAGEN.

3.

☐ EINEN GANZEN TAG IM CAFÉ VERBRINGEN UND QUATSCHEN.

WEIL ES FÜR UNTERHALTSAME TAGE NUR EURE GESELLSCHAFT BRAUCHT!

4.

☐ EINANDER GUT ZUHÖREN, BIS ALLES GESAGT IST, WAS WICHTIG IST.

5.

time to travel

☐ MIT DEM ZUG DURCH EUROPA FAHREN.

KREUZ UND QUER.

Paris

WIR WAREN IN:

....
....
....
....
....

London

Rom

6.

☐ EINANDER EINEN BRIEF SCHREIBEN, DEN IHR ERST IN 10 JAHREN ÖFFNEN DÜRFT.

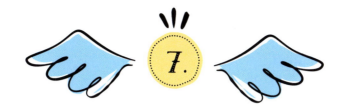

7.

☐ EINANDER EIN GUTES BEISPIEL SEIN.

DU BIST MEIN BEISPIEL FÜR ....

UND ICH WÄRE GERN WIE DU IN ....

* FASCHING ODER FASTNACHT GEHT ZUR NOT AUCH.

☐ DEN KARNEVAL* ERLEBEN!

WER HATTE DAS BESTE KOSTÜM?

9.

☐ GELD IN EINEN BRUNNEN WERFEN UND SICH ETWAS WÜNSCHEN.

HIER STEHT UNSER BRUNNEN: ....

10.

☐ EINHORNKEKSE BACKEN UND MIT GLITZER BESTREUEN.

☐ ALS ZWILLINGE VERKLEIDEN UND SO SHOPPEN GEHEN.

*MACHT EIN FOTO DAVON UND KLEBT ES HIER EIN.

☐ ZUSAMMEN AUF EINE KIRMES GEHEN.

MIT ☐ ACHTERBAHN, ☐ ZUCKERWATTE UND EINEM ☐ LEBKUCHENHERZ.

13.

☐ EINANDER EINEN RIESIGEN GEFALLEN TUN, OHNE DANK ZU ERWARTEN.

14.

☐ LIEBEVOLLE SPITZNAMEN FÜREINANDER ERFINDEN.

UNSERE NAMEN: .... & ....

15.

☐ BEI RICHTIG GROSSEM KUMMER EINANDER EIN TROST SEIN.

16.

☐ FÜREINANDER EINKAUFEN, WENN EINE MIT GRIPPE IM BETT LIEGT.

18.

☐ ZUSAMMEN VERRÜCKTE GESCHICHTEN ERFINDEN UND AUFSCHREIBEN.

HIER IST EINE KOSTPROBE:

19.

☐ STEINE ÜBER EINE WASSEROBERFLÄCHE FLITZEN LASSEN.

20.

☐ NACH EINEM ANSTRENGENDEN TAG ZUSAMMEN EINE SUPPE KOCHEN UND GENIESSEN.

21.

☐ EINE RIESENPARTY SCHMEISSEN, ÜBER DIE IHR IN ZWANZIG JAHREN NOCH REDEN WERDET.

☐ EIN BAUMHAUS BAUEN UND DARIN ÜBERNACHTEN.

☐ **BLUTSSCHWESTERSCHAFT SCHLIESSEN.**

SCHAUT BEI WINNETOU NACH, WIE DAS GENAU GEHT.

☐ AM STRAND TANZEN UND AN DER BAR SEX ON THE BEACH BESTELLEN.

GEHT ANDERSHERUM NOCH BESSER!

25.

☐ EIN GEMEINSAMES BEGRÜSSUNGSRITUAL ERFINDEN.

DAS TUN WIR, WENN WIR UNS BEGEGNEN:

....

....

26.

☐ NACHTS IM FREIBAD EIN HEIMLICHES BAD NEHMEN.

NOTFALLS OHNE BADEBEKLEIDUNG.

27.

☐ MITEINANDER WEINEN.

28.

☐ MITEINANDER LACHEN.

29.

☐ ZUSAMMEN TANDEM FAHREN. DANACH WISST IHR, WAS TEAMWORK IST.

WER BESTIMMT DIE RICHTUNG?

☐ EIN PICKNICK AM SEE VERANSTALTEN.

34.

☐ PLATTEN AUF DEM GRAMMOPHON ABSPIELEN.

35.

☐ EIN DUETT ZUSAMMEN SINGEN.

36.

☐ UM DIE GANZE WELT REISEN – ODER DIE HALBE.

IN DIESEN LÄNDERN SIND WIR ZUSAMMEN GEWESEN:

....

....

....

....

....

Travel around the World

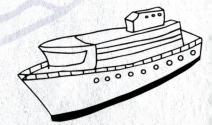

☐ ZUSAMMEN EINEN CHRISTBAUM SCHMÜCKEN, JEDE IN IHRER LIEBLINGSFARBE.

WER HATTE DIE SCHÖNSTEN ZWEIGE?

38.

☐ EINEN TANZKURS BESUCHEN.

1-2-CHA-CHA-CHA.

☐ Etwas richtig intellektuelles unternehmen und nur Bahnhof verstehen,

z.B. absurdes Theater, modernes Ballett oder ein Museum für abstrakte Malerei.

Unsere Tickets:

Unsere Erkenntnisse:
- ☐ _____
- ☐ _____
- ☐ _____
- ☐ _____

Kunst

40.

☐ EINE TORTENSCHLACHT VERANSTALTEN UND DAS GANZE AUF VIDEO FESTHALTEN.

41.

☐ MIT EINEM SCHLAUCHBOOT EINEN FLUSS HINUNTERTREIBEN.

☐ ZUSAMMEN EINEN CLUB, EINEN WOHLTÄTIGEN VEREIN ODER EINE INITIATIVE GRÜNDEN.

☐ IN EINEM DUNKEL-
RESTAURANT ZU
ABEND ESSEN.

GUTEN APPETIT!

45.

☐ GEMEINSAM EINE WOHNUNG RENOVIEREN:

MIT ☐ ZEITUNGSHÜTEN, ☐ METTBRÖTCHEN

UND ☐ KAFFEE AUS DER THERMOSKANNE.

46.

☐ ZUSAMMEN DURCH KNIRSCHENDEN SCHNEE STAPFEN.

47.

☐ IN EINER FREMDEN STADT OHNE STADTPLAN (UND NATÜRLICH OHNE HANDY, GPS, NAVI O.Ä.) RUMLAUFEN UND SCHAUEN, WO MAN LANDET.

WAS HABT IHR ERLEBT?

....
....
....
....

48.

☐ EINEN BAUM PFLANZEN UND IHN ÜBER DIE JAHRE GEMEINSAM WACHSEN SEHEN.

☐ EINE FERNSEHSERIE IN EINER NACHT KOMPLETT REINZIEHEN.

DIESE SERIE(N) HABEN WIR ANGESCHAUT:
....
....
....

☐ EINANDER EIN MIXED TAPE BASTELN, WIE IN ALTEN ZEITEN.

☐ EINANDER ETWAS PEINLICHES ANVERTRAUEN UND DANN VERGESSEN DÜRFEN.

52.

☐ **EINE PIZZA GEMEINSAM BELEGEN UND VERSPEISEN.**

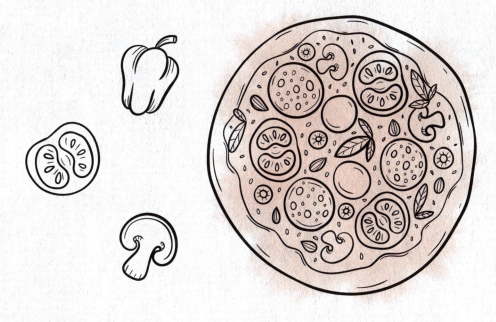

DAS SIND MEINE LIEBLINGSZUTATEN: ....

UND DAS MEINE: ....

☐ ZUM NIKOLAUSTAG DEN STIEFEL FÜLLEN.

DAS WAR DRIN: ....
....
....

55.

☐ EINE FOTOCOLLAGE VON DEN WICHTIGSTEN STATIONEN EURER FREUNDSCHAFT BASTELN.

56.

☐ EINANDER EURE HEIMATORTE SAMT ELTERN ZEIGEN.

57.

☐ MIT DER ZEITMASCHINE VERREISEN UND EUCH WIEDER GANZ JUNG FÜHLEN.

WAS HABT IHR UNTERNOMMEN?

58.

☐ UNTER WOLLDECKEN KAKAO TRINKEN, WENN ES DRAUSSEN STÜRMT UND SCHNEIT.

59.

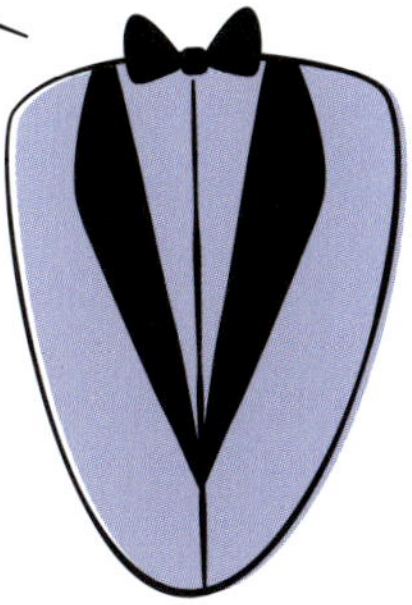

☐ Euch gegenseitig zu euren Trauzeuginnen machen.

60.

☐ Wenn es soweit ist: unbedingt pünktlich zur Trauung kommen.

☐ NAMEN FÜR EURE KINDER AUSDENKEN.

DAS SIND MEINE LIEBLINGSNAMEN:

UND DAS MEINE:

63.

☐ ZUSAMMEN EINE NACHTWANDERUNG MIT NUR EINER TASCHENLAMPE MACHEN.

☐ **VOM DREIMETERBRETT SPRINGEN.**

INKL. BEWEISFOTO:

65.

☐ EUCH GEGENSEITIG EINEN TRAUMFÄNGER FÜR GUTEN SCHLAF BASTELN.

66.

☐ KÜRBISSE AUSHÖHLEN UND MIT EINER KERZE INS FENSTER STELLEN.

67.

☐ GEMEINSAM ERINNERN: WO, WANN UND WIE HABT IHR EUCH KENNENGELERNT?

HIER IST PLATZ FÜR EURE GESCHICHTE:

68.

☐ EINEN WELLNESSTAG MIT ALLEM DRUM UND DRAN VERBRINGEN.

69.

☐ DEN VOLLMOND ANHEULEN.

70.

☐ BEI LIEBESKUMMER DER FELS IN DER BRANDUNG SEIN.

71.

☐ EIN DOPPELDATE VERANSTALTEN.

WEN HABT IHR DAZU EINGELADEN?

☐ EUCH GEGENSEITIG ETWAS BEIBRINGEN.

DAS HABE ICH VON DIR GELERNT:

....

....

UND ICH VON DIR:

....

....

☐ SCHALS FÜREINANDER STRICKEN – SO LANG WIE EURE FREUNDSCHAFT.

75.

☐ VERSTÄNDNIS HABEN FÜR EURE MAROTTEN.

DAS SEHE ICH DIR NACH:

UND ICH DIR:

76.

☐ DEN TON AM FERNSEHER AUSSTELLEN UND EINEN FILM SELBST SYNCHRONISIEREN.

77.

☐ ZUSAMMEN BETRINKEN UND EINANDER EIN PAAR GROSSE GESTÄNDNISSE MACHEN.

78.

☐ EINE GROSSE WANDERUNG OHNE WANDERKARTE MACHEN.

SEID IHR ANGEKOMMEN?

79.

☐ NIE GETRAGENE KLEIDUNGSSTÜCKE AUF EURER GANZ PRIVATEN TAUSCHPARTY TAUSCHEN.

81.

☐ DEN FRÜHLINGSANFANG FEIERN UND IN DEN ERSTEN SONNENSTRAHLEN DES JAHRES BADEN!

82.

☐ ÜBERLEGEN, WORAUF IHR AUF EINER EINSAMEN INSEL NICHT VERZICHTEN KÖNNTET.

☐ MIT ROSA BRILLEN AM SANDSTRAND LIEGEN.

EUER SCHÖNSTES STRANDFOTO:

84.

☐ HOUSEWARMING! EINANDER BROT UND SALZ ZUM EINZUG SCHENKEN.

85.

☐ MIT GURKENMASKEN AUFS SOFA LEGEN.

86.

☐ MIT KOPFTÜCHERN À LA GRACE KELLY CABRIO FAHREN.

87.

☐ Im Baggersee baden, wenn es allen anderen schon zu kühl dafür ist.

88.

☐ Einander von eurer peinlichsten Verliebtheit erzählen.

89.

☐ EINANDER EIN FEINES SCHMUCKSTÜCK SCHENKEN, DAS EUCH IMMER ANEINANDER ERINNERT.

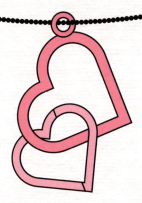

90.

☐ Verständnis für den Kummer der anderen haben und am besten ein bisschen Mitleiden.

91.

☐ **EURE ERFOLGE IM LEBEN GEMEINSAM FEIERN:**

☐ SCHULABSCHLUSS

☐ DAS ENDE DER AUSBILDUNG

☐ DAS GLÜCKLICH BESTANDENE EXAMEN

☐ ....

92.

☐ EURE GEMEINSAMKEITEN LIEBEN. IST ES NICHT SCHÖN, EINE SEELENVERWANDTE ZU HABEN?

DARIN SIND WIR UNS SCHON IMMER SOOO ÄHNLICH:

_____

_____

_____

93.

☐ EINANDER DIE SCHÖNSTEN FLECHTFRISUREN MACHEN.

FOTO!

94.

☐ EINE FARBBERATUNG BESUCHEN.

WAS SIND EURE HERZENSFARBEN?

95.

☐ MINDESTENS DREI SCHÖNE STÄDTEREISEN UNTERNEHMEN:

1. ....

 2. ....

3. ....

96.

☐ EINANDER ZU EINEM VEGANEN MONAT ÜBERREDEN.

HAT'S FUNKTIONIERT!?

97.

☐ EINANDER ERZÄHLEN, WER DIE ERSTE LIEBE EURES LEBENS WAR.

98.

☐ ZUSAMMEN EIN ROCKFESTIVAL BESUCHEN UND TANZEN, TANZEN, TANZEN.

DAS WETTER:

☐ GENIAL   ☐ OK

☐ NICHTS GEHT ÜBER TANZEN IN MATSCH UND REGEN!

99.

☐ **EINEN TAG LANG JEDE MENGE KINDISCHE SACHEN MACHEN:**

☐ DURCHS LAUB RASCHELN

☐ WASSER SPRITZEN

☐ LANGE AUFBLEIBEN

☐ IN PFÜTZEN SPRINGEN

ERLAUBT EUCH ALLES, WAS IHR ALS KINDER NICHT DURFTET.

100.

☐ ZUSAMMEN ZUR BLUTSPENDE GEHEN.

MEINE BLUTGRUPPE: ....

DEINE BLUTGRUPPE: ....

101.

☐ EINFACH MAL FERIEN AUF DEM PONYHOF MACHEN.

(GERADE WEIL DAS LEBEN KEINER IST.)

☐ IN EINE KARAOKE-BAR TRAUEN UND

☐ SINGEN, SINGEN, SINGEN.

104.

☐ IN EINEM KAUFHAUS DIE SCHICKSTEN ABENDKLEIDER ANPROBIEREN UND EUCH DARIN FOTOGRAFIEREN.

BEWEISFOTO!

105.

☐ EINEN TANDEM-BUNGEE-SPRUNG WAGEN.

106.

☐ EINE PYJAMA-PARTY WIE HANNI UND NANNI VERANSTALTEN.

107.

☐ EIN 1000-TEILIGES PUZZLE PUZZELN.

109.
☐ SEKTFRÜHSTÜCK.

110.
☐ EURE HAARFARBE TAUSCHEN.

☐ BLOND GEGEN BRÜNETT   ☐ ROT GEGEN BRAUN

☐ ....

☐ EINEN LECKEREN UND SUPERGESUNDEN SMOOTHIE ERFINDEN.

SO HEISST ER:

....

UND DAS IST DRIN:

....

114.

☐ SICH UNSTERBLICH VERLIEBEN UND DIE BESTE FREUNDIN DABEI NICHT VERGESSEN.

115.

☐ UND UMGEKEHRT: AUSHALTEN, WENN SIE VERLIEBT IST UND ALLES MIT ROSA BRILLE SIEHT.

☐ **EIN BILD EURER FREUNDSCHAFT MALEN.**

SO SIEHT SIE AUS:

☐ EIN TATTOO STECHEN LASSEN (O.K.: ODER KLEBEN).

HIER DER ENTWURF:

119. ☐ Wenn es sonst keiner tut: Einander Blumen schicken!

120. ☐ Kreischend mit riesigem Looping Achterbahn fahren.

121.

☐ IN DER SCHULE ODER BEI EINER PRÜFUNG VONEINANDER ABSCHREIBEN (LASSEN).

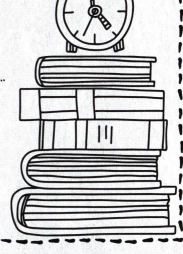

UNSERE NOTE: ....

☐ ZUSAMMEN ZU EINER WAHRSAGERIN GEHEN.

123.

☐ Auch einmal nein sagen, wenn ihr keine Lust aufeinander habt.

☐ GEGENSEITIG BEIM AUFRÄUMEN UND AUSMISTEN HELFEN.

DAVON KONNTE ICH MICH ENDLICH TRENNEN:
....

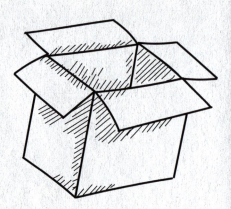

UND ICH HABE NOCH MEHR WEGGEWORFEN:
....

126.

☐ EINE PRIVATE MODENSCHAU VERANSTALTEN.

DAS SIND UNSERE NEUEN LOOKS:

....
....
....
....
....

☐ IM CAFÉ SITZEN UND GESCHICHTEN ZU DEN LEUTEN ERFINDEN, DIE DRAUSSEN VORBEILAUFEN.

130.

☐ GLEICHZEITIG DASSELBE BUCH LESEN.

☐ INS NAGELSTUDIO GEHEN UND NEUE FARBEN AUSPROBIEREN.

☐ IM SPIELKASINO ALLES AUF EINE ZAHL SETZEN.

DAS WAR UNSERE GLÜCKSZAHL: ....

133.

☐ MANDALAS AUSMALEN.

OMMMMM!

☐ EIN SIEBEN-GÄNGE-MENÜ KOCHEN, NUR FÜR EUCH SELBST.

☐ WENN DAS GAR NICHT GEKLAPPT HAT: EINEN KOCHKURS BESUCHEN!

136.

☐ IM SCHLAFWAGEN VERREISEN.

137.

☐ EINEN MARATHON ZUSAMMEN LAUFEN. IRGENDWANN KOMMT JEDER AN.

DAS SIND UNSERE ZEITEN:
_____

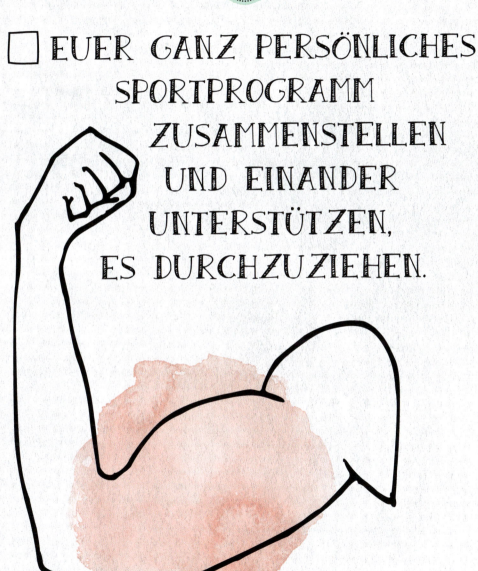

☐ Euer ganz persönliches Sportprogramm zusammenstellen und einander unterstützen, es durchzuziehen.

141.

☐ BLICK HEBEN! DURCH EURE STADT SPAZIEREN UND DABEI MÖGLICHST OFT NACH OBEN SCHAUEN.

DAS HABEN WIR ALLES NEU ENTDECKT:

....

....

142.

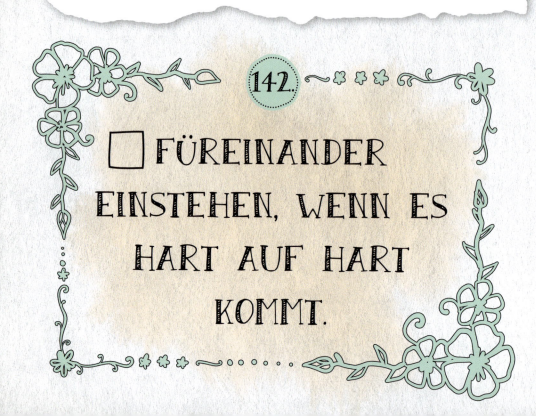

☐ FÜREINANDER EINSTEHEN, WENN ES HART AUF HART KOMMT.

☐ ZWEIMAL DIREKT HINTEREINANDER IN EUREN LIEBLINGSKINOFILM GEHEN.

DIESEN FILM HABEN WIR GESEHEN:
....

☐ AM MEER AUF DEN SONNENAUFGANG WARTEN.

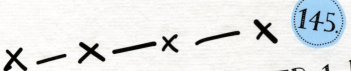

☐ FÜR DEN PLATZ IN DER 1. REIHE EURES LIEBLINGSSTARS EUCH EINE GANZE NACHT VOR DER KONZERTHALLE UM DIE OHREN SCHLAGEN.

☐ EINANDER EIN GEDICHT SCHREIBEN. DENN WAS SICH REIMT, IST WAHR.

DAS HABEN WIR ZUSAMMENGEREIMT:

147.

☐ DIE SCHÖNSTE SZENE EURES LIEBLINGSFILMS IMMER UND IMMER WIEDERGUCKEN.

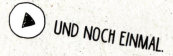 UND NOCH EINMAL.

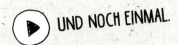 UND NOCH EINMAL.

(DENN DAS VERSTEHT NUR IHR!)

☐ EINEN LACHFLASH ERLEBEN.

(WAS WAR EIGENTLICH NOCH MAL DER GRUND, DASS WIR SO LACHEN MUSSTEN!?)

☐ ZUSAMMEN IN DEN SONNENUNTERGANG REITEN.

150.

☐ DEN LETZTEN PUNKT AUF EURER LISTE ABHAKEN UND GLEICH EINEN NEUEN HINZUSCHREIBEN. DENN EUCH GEHEN DIE IDEEN NIE AUS.

UNSERE BUCKET LIST

☐ ------------------------------

☐ ------------------------------

☐ ------------------------------

DIESES BUCH WIDME ICH
MEINER BESTEN FREUNDIN
ANNETTE

Über die Autorin:

Iris Warkus hat während ihres Literaturstudiums viele Bücher gelesen und ihr halbes Berufsleben mit Büchern verbracht. Fast logisch, dass sie eines Tages mit dem Schreiben eigener Bücher begann. Auf privaten Reisen und bei der Arbeit hat sie einige entlegene Winkel der Welt gesehen, diverse Einsichten gewonnen und auch schon ein paar Bucket-Punkte abgehakt.

Bildnachweis:

Fotolia.com:
© alex_cardo (Wolke: 15., 58.); © Amelie (Herzen: S. 1); © balabolka (Illustrationen: 45.); © darina13 (Muffin: S. 2; Ballon: S. 3; Kamera: S. 3, 72.; Pfeil: S. 3, 5., 47., 93., 129.; Herz: 81., 95., 131.); © Diana Vyshniakova (Rose: 2.; Vögel: 35.; Bordüre: 42., 60.; Gläser: 60.; Flasche: 109.); © donatas1205 (Papierhintergrund); © Hans-Jürgen Krahl (Baumhaus: 22.); © helen_f (Buch: 1.; Stift: 1., 110.; Handy: 47.; Popcorn, Pizza: 49.; Illustrationen: 95., 121.; Dart: 118.); © hellena13 (Tape: 1., 11., 35., 51., 56., 64., 86., 104., 115., 120., 134., 135.); © jivopira (Zug: 5.; Tickets: 5.; Illustrationen: 36.; Kompass, Karte: 47.; Palme: 82.; Brille: 83.; FlipFlops: 83.); © kamenuka (Picknickkorb: 33.); © KatyaKatya (Rahmen: 27., 77., 136.); © Ladychelyabinsk (Spray, Spirale: 93.); © lava4images (Papierhintergrund japanisch); © lumencre (Wasserfarbenklecks); © maria_galybina (Bordüre: S. 2, S. 3, 29., 66., 143., 150.; Bordüre unten: 12.; Rahmen: 99.; Texttrenner: S. 128); © Marina Zlochin (Pfeil: 13.; Hase: 14.; Gesicht: 14.); © Nasic (Papierhintergrund Aquarell); © natasha_chetkova (Meerjungfrau: 26.; Mädchen: 93.); © notkoo2008 (Kochen: 134., 135.); © Oksana Stepova (Illustrationen: 63.); © pashabo (Goldglitter: S. 1); © PF-Images (Notizzettel); © raven (Gebäude, Schrift: 5.); © rinohara (Illustrationen: 112.); © saint_antonio (Illustrationen: 3.; Schild: 44.; Croissant: 109.); © schakty (Pfeile: 83.); © undrey (Aquarellklecks); © veekicl (Kamera: 11.; Illustrationen: 39.; Arm: 140.); © yokunen (Tasche: 11.).

Designed by Freepik:
Illustrationen: 4., 6., 7., 8., 9., 10., 12., 16., 17., 18., 19., 20., 21., 24., 27., 28., 29., 30., 31., 32., 38., 41., 42., 43., 46., 52., 53., 54., 55., 59., 61., 62., 65., 66., 67., 68., 69., 70., 71., 74., 75., 76., 79., 80., 84., 88., 89., 90., 91., 94., 96., 97., 98., 99., 102., 103., 105., 106., 107., 111., 113., 114., 116., 117., 118., 119., 122., 125., 127., 128., 129., 130., 138., 139., 142., 143., 146., 147.
Achterbahn: 120.; Auto: 86.; Baum: 48.; Bordüre: 26., 57., 72., 104., 124., 126.; Doodles: 57., 64., 73., 104., 109.; Fotorahmen: S. 3; Frau: 137.; Gläser: 109.; Häkchen: 1.; Haus: 56.; Herz: 25., 48.; Kasino: 132.; Kellner: 44.; Kopf: 110.; Korkenzieher: 33.; Linien: 150.; Love: 115.; Muffins: 58.; Notizzettel: 13., 35., 51., 56., 86., 115., 134.; Pusteblume: 81.; Rahmen: 121., 133.; Schmetterling: 81.; Schwein: 25.; Sonne: 33., 64., 81., 149.; Sterne, Mond: 22.; Striche: 45.; Tape: 83., 93.; Tasse: 58.; TV: 49.; Zug: 136.; Zweige: 37.
© 0melapics (Illustrationen: 23.; Uhr: 57.; Bordüre: S. 128); © Aviyabc (Gurke: 85.); © Dooder (Illustrationen: 87.; Uhr: 137.; Wolke: 141.); © lbrandify (Illustration: 100.); © Johndory (Schlüssel: 72.); © Kjpargeter (Menschen: 145.); © lesyaskripak (Bordüre: 31., 75., 123.; Wellen: 82.); © lucecitavectors (Schrift: 25.; Sterne: 25.); © lyolya_profitrolya (Kleid, Kleiderbügel: 104.); © lyolya_profitrolya (Kranz: 123.); © macrovector (Gläser: 77.; Karte: 78.; Pferd: 101.; Karton, Eimer: 124.; Illustrationen: 144.); © Natanaelginting (Wolke: 33.); © Natkacheva (Katze: 92.); © Natkacheva (Nagellack: 131.); © Nenilkime (Gießkanne: 48.; Bank: 81.; Illustrationen: 108.); © Olga_spb (Rahmen: 22., 43., 45., 62., 81., 89., 92., 102., 108., 113., 130., 139., 146.; Bordüre: 49., 80.; Illustrationen: 73.); © rocketpixel (Noten: 34., 50.; Kreuze: 47.; Rahmen: 85.; Doodles: 131., 132., 145., 149.; Sprechblase: 136.); © Sergey_Kandakov (Gramppphon: 34.; Kassette: 50.); © Sketchepedia (Kugeln: 37.; Torten: 40.); © starline (Bordüre: 117.); © Terdpongvector (Illustrationen: 126.); © Terdpongvector (Play-Button: 147.; Gesicht: 148.); © Timmdesign (Kamera, Schwimmreifen: 64.); © Visnezh (Mandala: 133.).